Impressum
Verlag: BABADADA GmbH, Nedderfeld 112 , 22529 Hamburg
Geschäftsführer / Verlagsleitung: Harald Hof
Druck: Books on Demand GmbH, In de Tarpen 42, 22848 Norderstedt

Imprint
Publisher: BABADADA GmbH, Nedderfeld 112 , 22529 Hamburg, Germany
Managing Director / Publishing direction: Harald Hof
Print: Books on Demand GmbH, In de Tarpen 42, 22848 Norderstedt

école

duɗal

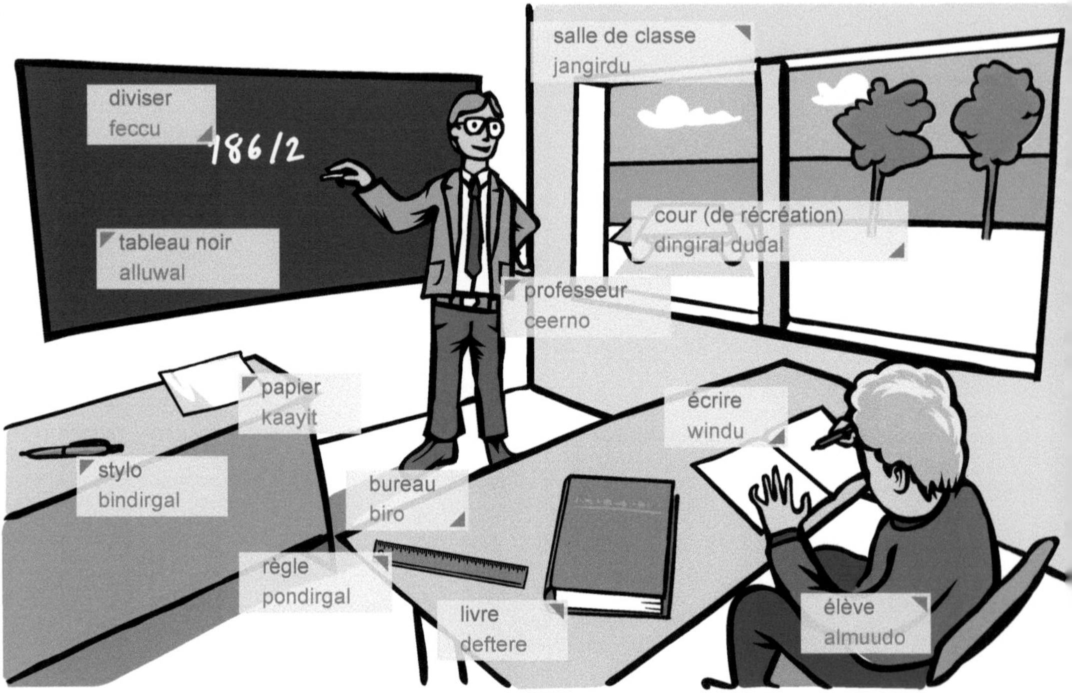

salle de classe
jangirdu
diviser
feccu
186/2
tableau noir
alluwal
cour (de récréation)
dingiral duɗal
professeur
ceerno
papier
kaayit
écrire
windu
stylo
bindirgal
bureau
biro
règle
pondirgal
livre
deftere
élève
almuudo

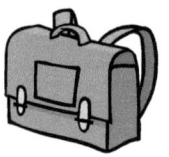

cartable

sakosel

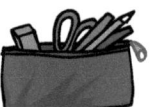

trousse

suudu kuɗol

crayon

kuɗol

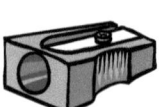

taille-crayon

ceeɓnoowo kuɗol

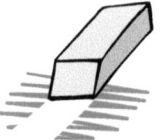

gomme

momtirgal

carnet à dessin

nokku diidirɗo

dessin

diidgol

pinceau

diidirgal

boîte de peinture

suudu diidordu

ciseaux

sisooje

colle

kol

cahier d'exercices

deftere softinorde

devoirs

coftinogol

chiffre

tongoode

2+2

additionner

beydu

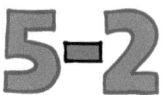

soustraire

ustu

multiplier

hebbin

calculer

lim

lettre

bataake

alphabet

hijju

mot

kongol

texte

windande

lire

jangu

craie

bindirgal

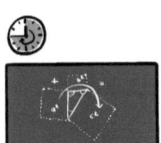

leçon

darsu

livre de classe

windaade

examen

ÿeewtogol

certificat

ijaazi

uniforme scolaire

wutte jaɲirɗo

formation

jaŋde

lexique

ɗowitorde mawnde

université

jaabi haatirde

microscope

mokoroskop

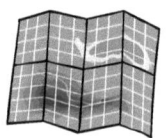

carte

wertaango

corbeille à papier

siwo mbalis

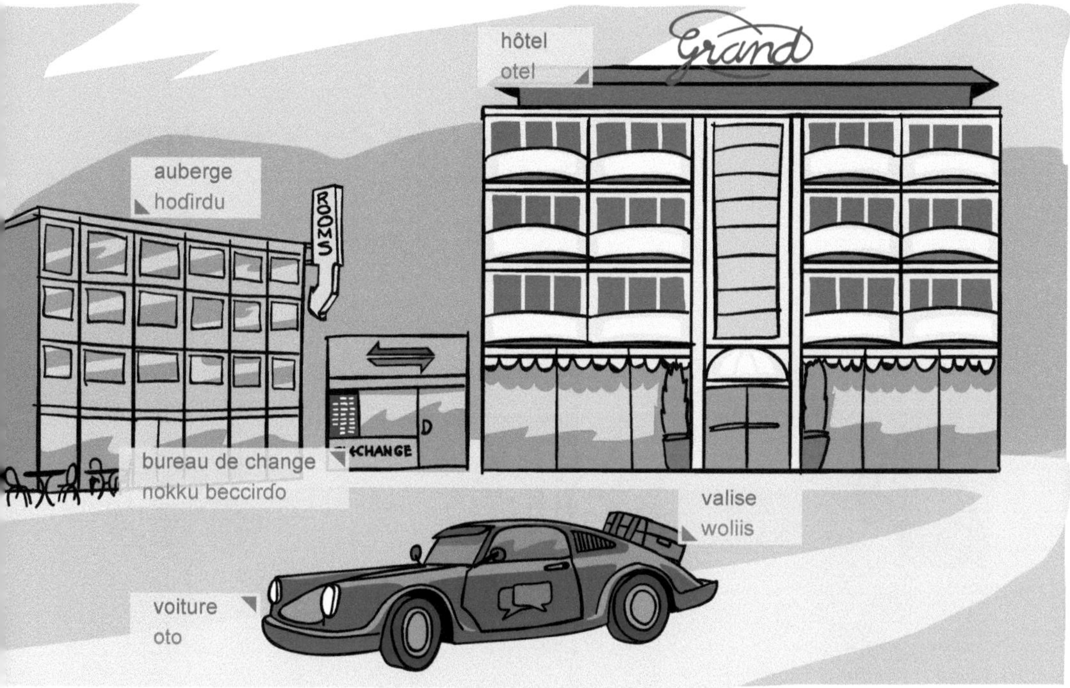

hôtel
otel

Grand

auberge
hoɗirdu

ROOMS

bureau de change
nokku beccirɗo

ÉCHANGE

valise
woliis

voiture
oto

langue
ɗemngal

oui / non
ey / ala

d'accord
Eyyo

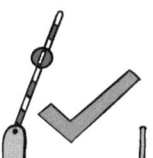

Salut
mbaɗɗa

interprète
pirtoowo

merci
jaraama

Combien coûte...?

hono foti...?

Je ne comprends pas

mi faamaani

problème

satteende

Bonsoir !

jam hiiri

Bonjour !

jam waali

Bonne nuit !

jam waal

Au revoir

baay baay

direction

ngardiindi

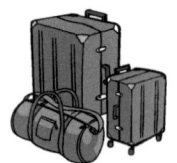

bagages

kaake

sac

saak

sac-à-dos

saak bakke

hôte

koɗo

pièce

suudu

sac de couchage

saak ɗaanorɗo

tente

taanta

office de tourisme

kabaaru jillotooɗo

plage

palaaz

carte de crédit

kartal keredii

petit-déjeuner

kasitaari

déjeuner

bottaari

dîner

hiraande

billet

tikkett

ascenseur

suutde

timbre

tembere

frontière

keerol

douane

soodooɓe

ambassade

ambasaat

visa

wiisa

passeport

paaspoor

voyage - ɗannaade

transport
yangarta

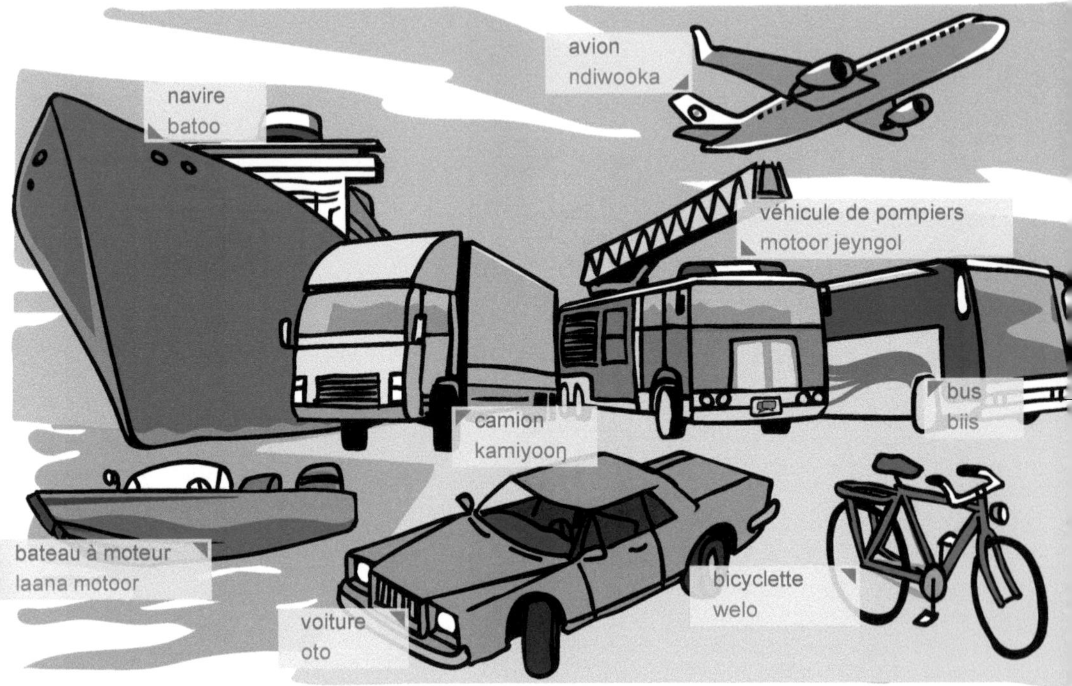

avion
ndiwooka
navire
batoo
véhicule de pompiers
motoor jeyngol
camion
kamiyooŋ
bus
biis
bateau à moteur
laana motoor
bicyclette
welo
voiture
oto

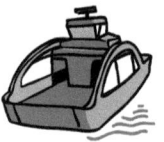

ferry
baak

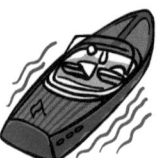

barque
laana

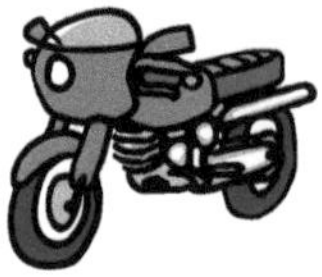

moto
welo motoor

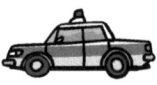

voiture de police
oto poliis

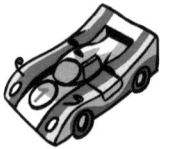

voiture de course
oto dandu

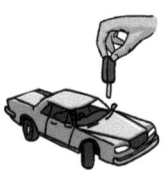

voiture de location
otoluwaaɗo

auto-partage

rendude oto

voiture de remorquage

lenge

benne à ordures

kamiyooŋ salo

moteur

moto

essence

gaas

station d'essence

esaaseer

panneau indicateur

maantorde tali

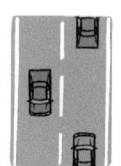

trafic

tali

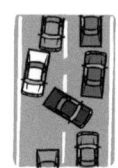

embouteillage

ɓittugol tali

parking

darnirde oto

gare

dartorde teree

rails

laabi

train

teree

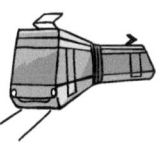

tramway

taraam

wagon

nawgol

hélicoptère
elikooteer

aéroport
aydapoor

tour
hubeere

passager
jahoowo

conteneur
kontaneer

carton
kees

chariot
saret

corbeille
siwo

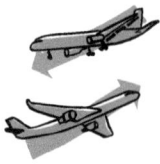

décoller / atterrir
diw / tello

ville

wuro

village
saare

centre-ville
hakkunde wuro

maison
galle

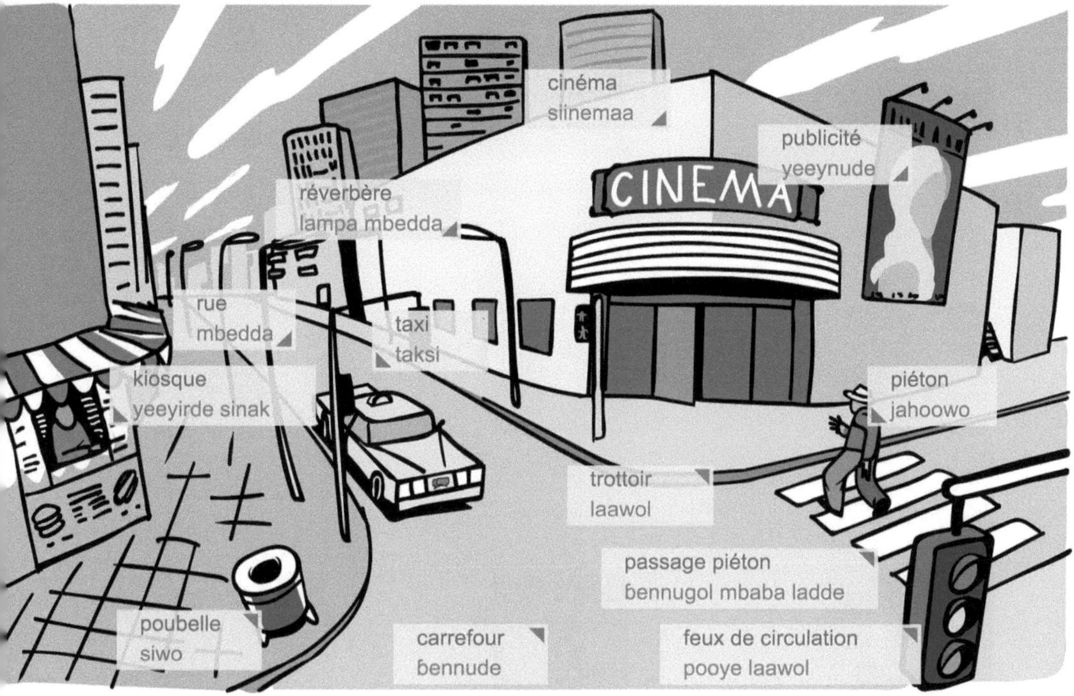

cinéma
siinemaa

publicité
yeeynude

réverbère
lampa mbedda

CINEMA

rue
mbedda

taxi
taksi

kiosque
yeeyirde sinak

piéton
jahoowo

trottoir
laawol

passage piéton
ɓennugol mbaba ladde

poubelle
siwo

carrefour
ɓennude

feux de circulation
pooye laawol

cabane

tiba

appartement

hoɗorde

gare

dartorde teree

mairie

meeri

musée

miise

école

duɗal

université

jaaɓi haatirde

banque

baŋke

hôpital

safrirdu

hôtel

otel

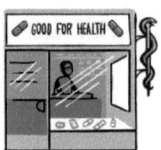

pharmacie

farmasii

bureau

gollorde

librairie

yeeyirde defte

magasin

yeeyirde

fleuriste

mo nehoowo leɗɗe

supermarché

duggere

marché

jeere

grand magasin

yeeyirde diiwaan

poissonnerie

mo gawoowo

centre commercial

nokku njeeygu

port

telloorde

parc

parka

banque

jooɗorde

pont

pooŋ

escaliers

ŋabbirɗe

métro

les leydi

tunnel

laawol les

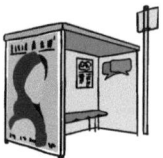

arrêt de bus

dartorde biis

bar

baar

restaurant

restoraaŋ

boîte à lettres

suudu posto

panneau indicateur

maantorde mbedda

parcmètre

meetorde parka

zoo

nehirde kulle

piscine

pisiin

mosquée

jumaa

ferme

ngesa

pollution

bonande

cimetière

genaale

église

ekiliis

aire de jeux

dingiral

temple

tempele

paysage

satto

feuille
ɗerewol

panneau indicateur
maantogal

chemin
laawol

pré
paraad

pierre
haayre

arbre
lekki

randonneur
diwoowo

rivière
caangol

herbe
huɗo

fleur
baramlefol

vallée

fongo

montagne

tiwaande

lac

weendu

forêt

dundu

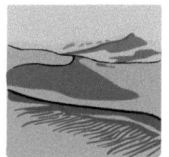

désert

ladde

volcan

wolkaaŋ

château

hoɗorde

arc-en-ciel

timtimol

champignon

wiiduru gaynaako

palmier

lekki koko

moustique

ɓongu

mouche

diw

fourmis

ñuuñu

abeille

ñaaku

araignée

njabala

coléoptère

karaaɓ

grenouille

paaɓa

écureuil

jiire

hérisson

nguru paaɓa

lièvre

wojere

chouette

hooweere

oiseau

ndiwri

cygne

kankaleewal

sanglier

fowru

cerf

lella

élan

kooba

barrage

baaraas

éolienne

seɗa hendu

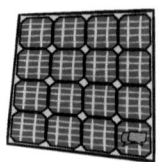

panneau solaire

mbeɗu naange

climat

kilimaaŋ

restaurant
restoraaŋ

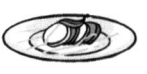

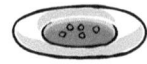

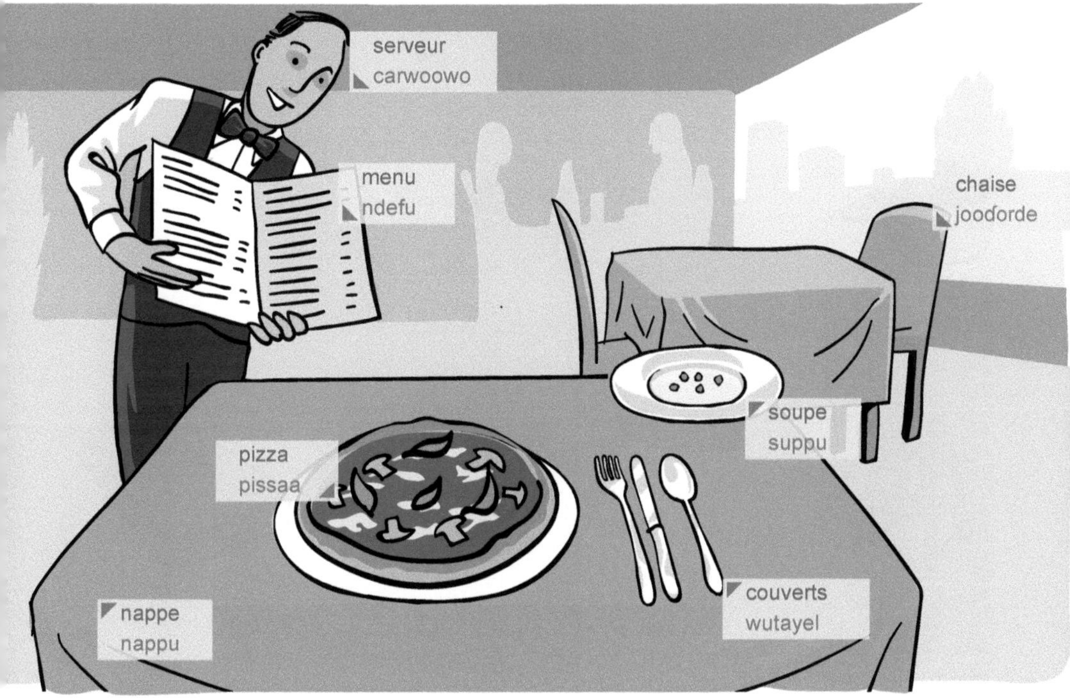

serveur
carwoowo
menu
ndefu
chaise
jooɗorde
soupe
suppu
pizza
pissaa
couverts
wutayel
nappe
nappu

hors d'œuvre

puɗɗorɗo

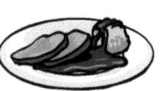

plat principal

barme mawɗo

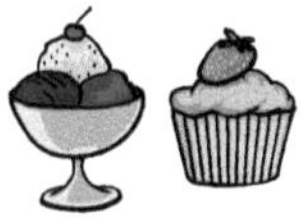

dessert

deseer

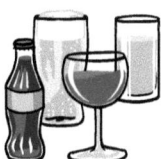

boissons

njarameeje

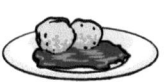

alimentation

ñamri

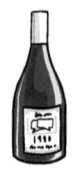

bouteille

bitel

fast-food

fastfuut

plats à emporter

ñaamde mbedda

théière

pot ataaya

sucrier

taasa suukara

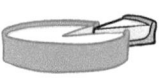

portion

geɗal

machine à expresso

masiŋ esperesoo

chaise haute

jooɗorde toownde

facture

faktiir

plateau

terey

couteau

paaka

fourchette

fursett

cuillère

kuddu

cuillère à thé

kuddu ataaya

serviette

torsooŋ

verre

weer

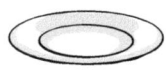

assiette

palaat

assiette à soupe

palaat suppu

soucoupe

coosoowo

sauce

soos

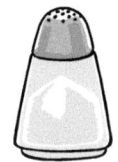

salière

pot lamɗam

moulin à poivre

poobaar

vinaigre

wineegar

huile

diwliin

épices

kaaniije

ketchup

ketsoop

moutarde

mutaarde

mayonnaise

maynees

supermarché
duggere

offre promotionnelle
dokkal teentungal
FOR
client
coodoowo
produits laitiers
deftel
fruits
ɓingel leggal
chariot
saret

BUTCHERS

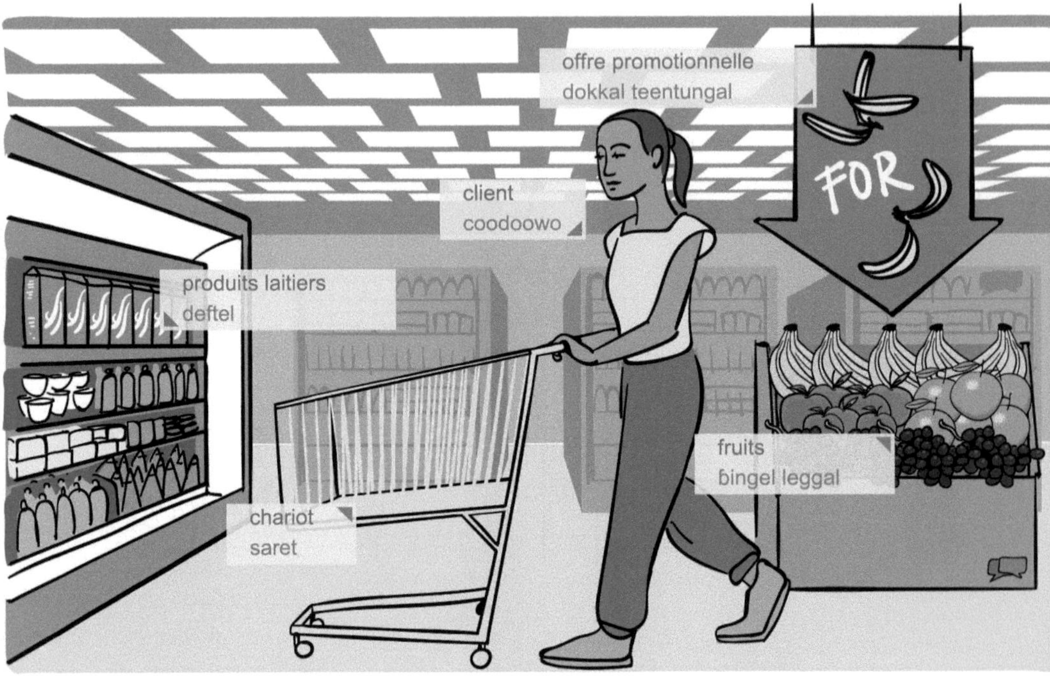

boucherie

mo jeeyoowo teewu

BAKERY

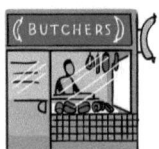

boulangerie

mo piyoowo mburu

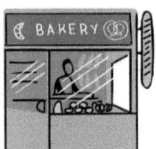

peser

ɓett

légumes

ɓiɓe leɗɗe

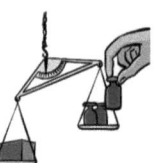

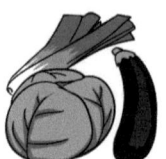

viande

teewu

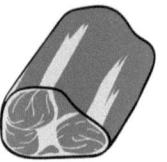

aliments surgelés

ñamri fendiindi

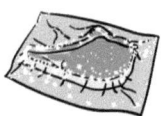

charcuterie

teewu ɓuuɓngu

conserves

ñamri

poudre à lessive

omo

bonbons

tangaleeji

articles ménagers

geɗe galle

détergents

geɗe laɓɓinooje

vendeuse

jeeyoowo

caisse

hippoode

caissier

ngaluyanke

liste d'achats

limo soodetee

heures d'ouverture

waktuuji gudditeeɗi

portefeuille

kalbe

carte de crédit

kartal keredii

sac

saak

sac en plastique

saak dalli

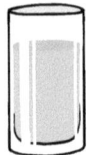

eau

ndiyam

jus de fruit

sii

lait

kosam

coca

Koowk

vin

sangara

bière

sangara

alcool

alkol

chocolat chaud

koka

thé

ataaya

café

kafe

expresso

esperesoo

cappuccino

kaputsiino

banane

banaana

pomme

pomere

orange

oraaŋs

melon

dende

citron

limoŋ

carotte

karott

ail

laac

bambou

bambuu

oignon

soblere

champignon

wiiduru gaynako

noisettes

gerte

pâtes

kodde

spaghetti

espaketii

riz

maaro

salade

solaat

pommes frites

sipse

pommes de terre rôties

padaas pasnaaɗo

pizza

pissaa

hamburger

amburgoor

sandwich

sandiis

escalope

tayre

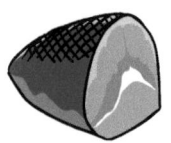

jambon

heltinde

salami

salaami

saucisse

soosiis

poulet

gertogal

rôti

juɗe

poisson

liingu

flocons d'avoine

karaw

muesli

miyesli

cornflakes

butaali makka

farine

cafka

croissant

koraasaŋ

petits-pains

loocol mburu

pain

mburu

pain grillé

mburu

biscuits

mbiskit

beurre

boor

le fromage blanc

caakri

gâteau

ngato

œuf

boofoode

œuf au plat

bofoode defaaɗo

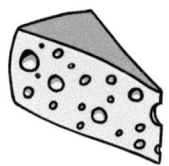

fromage

formaas

glace

kerem galaas

sucre

suukara

miel

njuumri

confiture

piire

crème nougat

soosde sokola

curry

kiri

ferme

ngesa

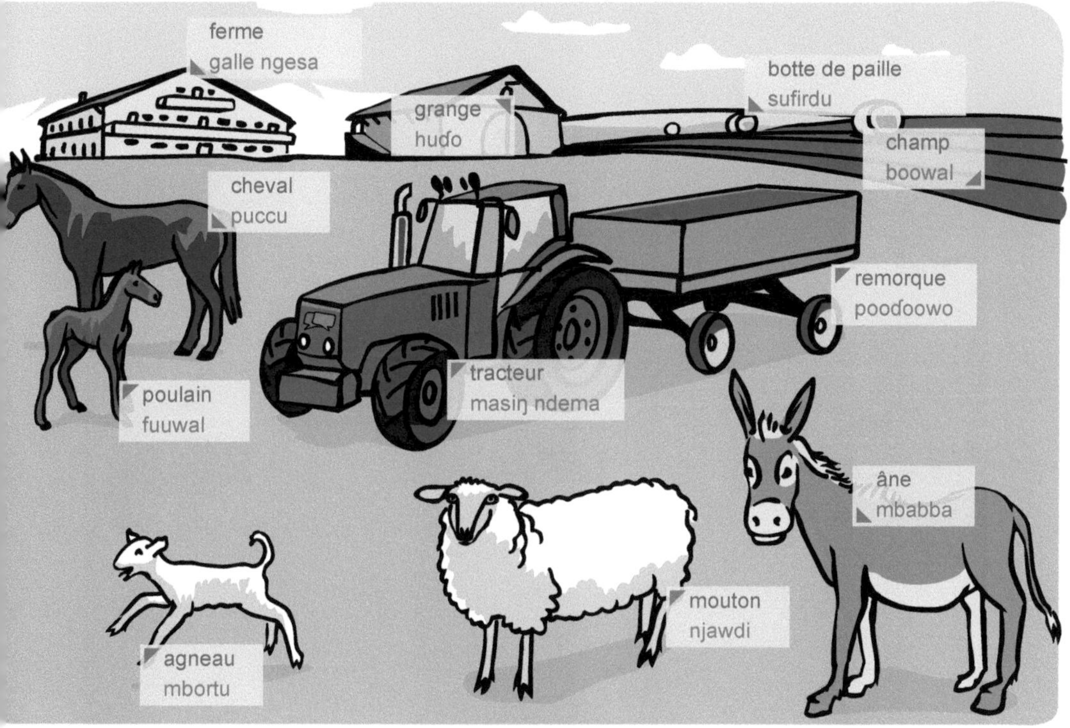

ferme
galle ngesa
grange
huɗo
botte de paille
sufirdu
champ
boowal
cheval
puccu
remorque
pooɗoowo
tracteur
masiŋ ndema
poulain
fuuwal
âne
mbabba
mouton
njawdi
agneau
mbortu

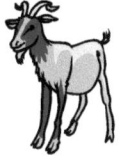

chèvre

ndamndi

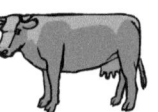

vache

ngaari

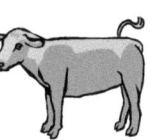

veau

ñale

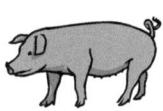

porc

mbaba tugal

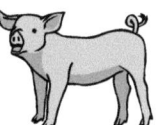

porcelet

ɓingel tugal

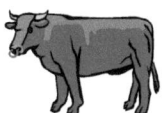

taureau

ngaari

oie

jaawalal

canard

jaawangal

poussin

gertogal

poule

jarlal

coq

ngori

rat

doombru

chat

ulluundu

souris

dombru

bœuf

ngaari

chien

rawaandu

chenil

suudu rawaandu

tuyau de jardin

lekki werte

arrosoir

bitel ndiyam

faucheuse

jalo

charrue

jabbude

faucille
wafdu

pioche
caga

fourche
furset yettirɗo

hache
jambere

brouette
burwett

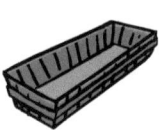

cuve
jardugal

pot à lait
bitel kosam

sac
bonnude

clôture
heerorde

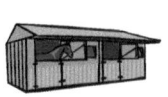

étable
dari

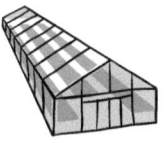

serre
resofmaaŋ

sol
leydi

semences
aawdi

engrais
engere

moissonneuse-batteuse
rendin coñoowo

récolter
soñ

récolte
coñal

igname
ñambi

blé
ndiyamiri

soja
soozaa

pomme de terre
padaas

maïs
makka

colza
aawdi adan

arbre fruitier
lekki ɓesnooki

manioc
kasaawa

céréales
gawri

maison
galle

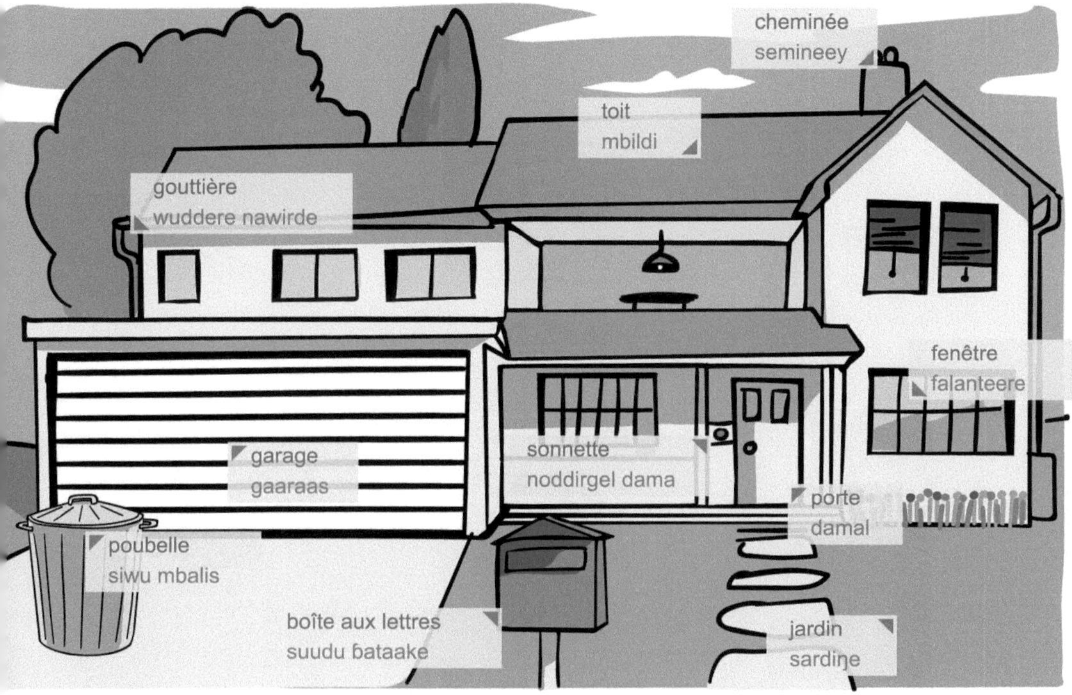
cheminée
semineey
toit
mbildi
gouttière
wuddere nawirde
fenêtre
falanteere
garage
gaaraas
sonnette
noddirgel dama
porte
damal
poubelle
siwu mbalis
boîte aux lettres
suudu ɓataake
jardin
sardiŋe

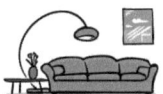

salon
saal

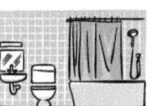

salle de bain
lootorde

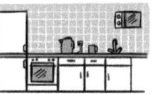

cuisine
waañ

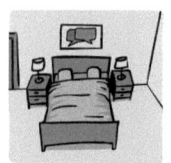

chambre à coucher
suudu lelteendu

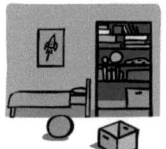

chambre d'enfant
suudu suka

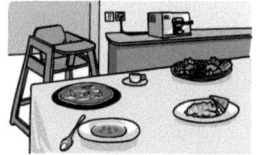

salle à manger
suudu hirtordu

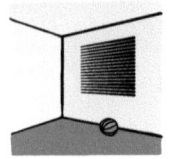

sol
leydi

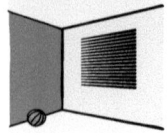

mur
miir

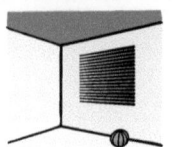

plafond
dira

cave
masiŋel

sauna
soona

balcon
balkooŋ

terrasse
teeraas

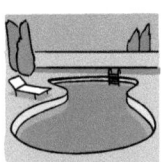

piscine
pisin

tondeuse à gazon
tondoos

housse
kaayit

couette
mbertanteeri

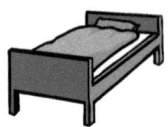

lit
lelnde

balai
pittirɗe

sceau
siwoo

interrupteur
waylu

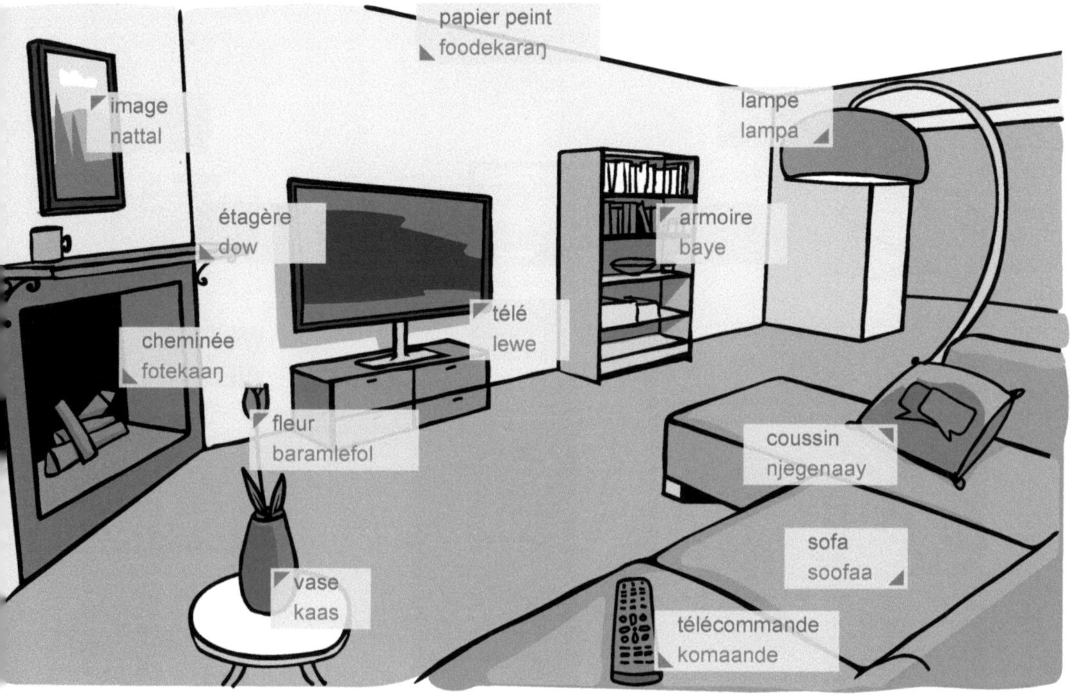

papier peint
foodekaraŋ

image
nattal

lampe
lampa

étagère
dow

armoire
baye

cheminée
fotekaaŋ

télé
lewe

fleur
baramlefol

coussin
njegenaay

sofa
soofaa

vase
kaas

télécommande
komaande

tapis
tappi

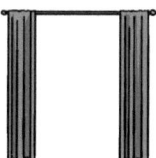

rideau
rido

table
taabal

chaise
jooɗorde

chaise à bascule
jooɗorde timmunde

fauteuil
tuggorde

livre

deftere

couverture

suddaare

décoration

cinki

bois de chauffage

docotal

film

filmo

chaîne hi-fi

kuutorɗe hi-fi

clé

caabi

journal

jaaynde

peinture

pentiirde

poster

posteer

radio

haalirde

bloc-notes

deftel mooftirgel

aspirateur

ŋabbude

cactus

siwo lekki

bougie

sondel

cuisine
waañ

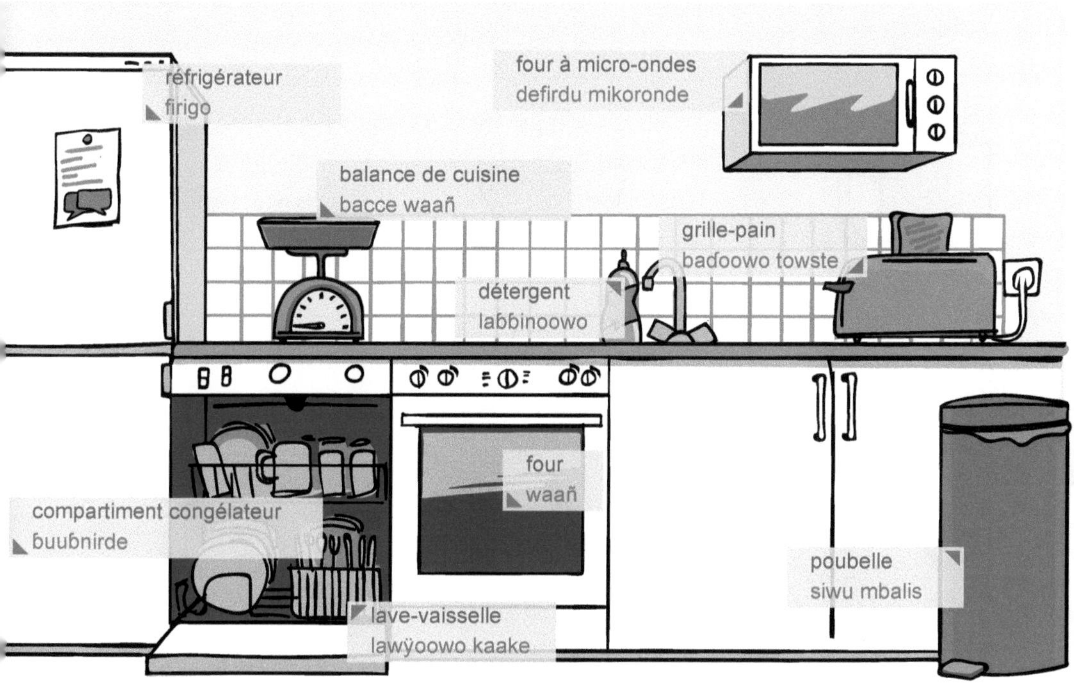

réfrigérateur
firigo
four à micro-ondes
defirdu mikoronde
balance de cuisine
bacce waañ
grille-pain
baɗoowo towste
détergent
labbinoowo
four
waañ
compartiment congélateur
buubnirde
poubelle
siwu mbalis
lave-vaisselle
lawŷoowo kaake

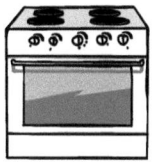

four
defoowo

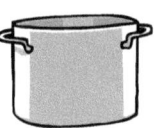

casserole
pot

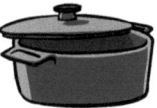

marmite
pot baɗɗo njamdi

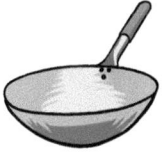

wok / kadai
lehel

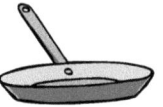

poêle
lahal

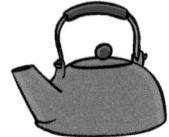

bouilloire electrique
baraade

cuiseur vapeur

gulnoowo

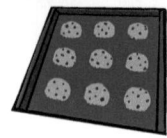

plaque de cuisson

fuur cumirɗo

vaisselle

wiisirde

gobelet

kaas

coupe

taasa

baguettes

bakett

louche

heɗirde

spatule

kuundal

fouet

burgal

passoire

gulnirɗo

tamis

pool

râpe

koosoowo

mortier

wowru

barbecue

njuɗu

cheminée

lewlewndu

planche à découper
alluwal tayirgal

rouleau à pâtisserie
dullirgal

tire-bouchon
tenaay

boîte
potyel

ouvre-boîte
udditirɗo potyel

maniques
jaggoowo pot

lavabo
lawŷirde

brosse
borisde

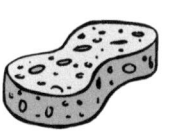

éponge
epoos

mixeur
jiiɓoowo

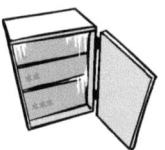

congélateur
firigo juutɗo

biberon
bitel tiggu

robinet
robine

salle de bain

lootorde

chauffage
wulnude
serviette
sarbet
douche
ɓuftogol
rideau de douche
rido ɓuftorde
bain moussant
sumbu lootorɗo
baignoire
nokku lootorɗo
machine à laver
masiŋ guppirɗo
carrelage
biifi
robinet
robine
verre
weer
pot
woppirde
lavabo
lawŷirde

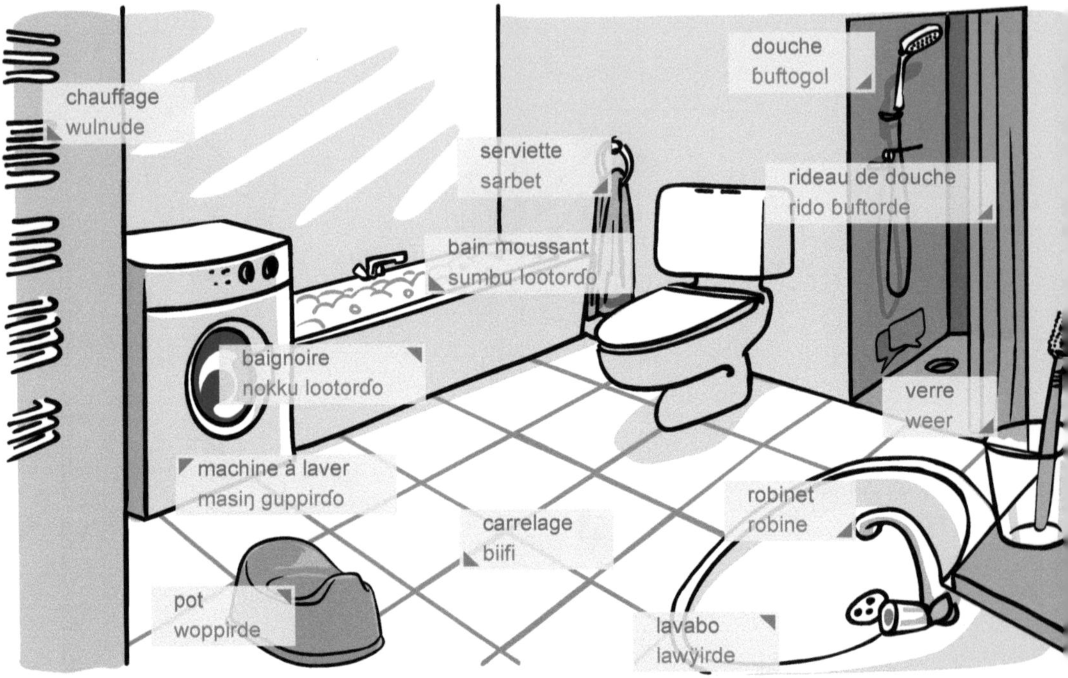

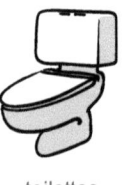

toilettes

heblorde

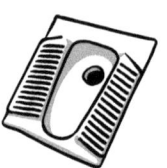

toilette à la turque

yaltirde les

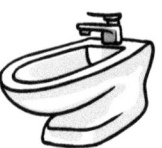

bidet

yaltirde

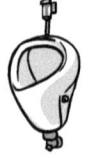

urinoir

soofirde

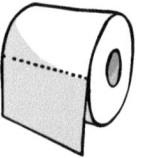

papier toilette

kaayit heblorde

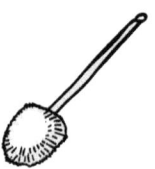

brosse à toilette

boros heblorde

brosse à dents

boros ñiiÿe

dentifrice

pat cocorɗo

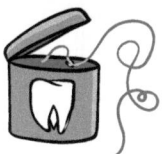

fil dentaire

cocorgal

laver

lawyu

douche manuelle

ɓuftorde jungo

douche intime

jampe

vasque

taasa

brosse dorsale

boros keeci

savon

saabunde

gel douche

nebam ɓuftorde

shampooing

sampoye

gant de toilette

lootogel

écoulement

yupude

crème

mileen

déodorant

lati

miroir
....
daarogal

miroir cosmétique
....
daarogal jungo

rasoir
....
rasuwaar

mousse à raser
....
sumbu pemborɗo

après-rasage
....
lallitirde

peigne
....
koomu

brosse
....
boros

sèche-cheveux
....
yoorno hoore

laque pour cheveux
....
uurna hoore

fond de teint
....
makiyaas

rouge à lèvres
....
lippo

vernis à ongles
....
emaaye segene

ouate
....
wiro

coupe-ongles
....
sisooje segene

parfum
....
parfooŋ

trousse de toilette

saawdu lawyirdu

tabouret

kuudi

pèse-personne

bacce ɓetirde

peignoir

wutte lootorɗo

gants de nettoyage

kawaseeje dalli

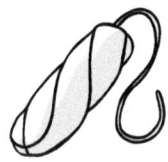

tampon

tampooŋ

serviettes hygiéniques

sarbet laɓɓinoorɗo

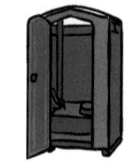

toilette chimique

lootogol cellungol

chambre d'enfant

suudu suka

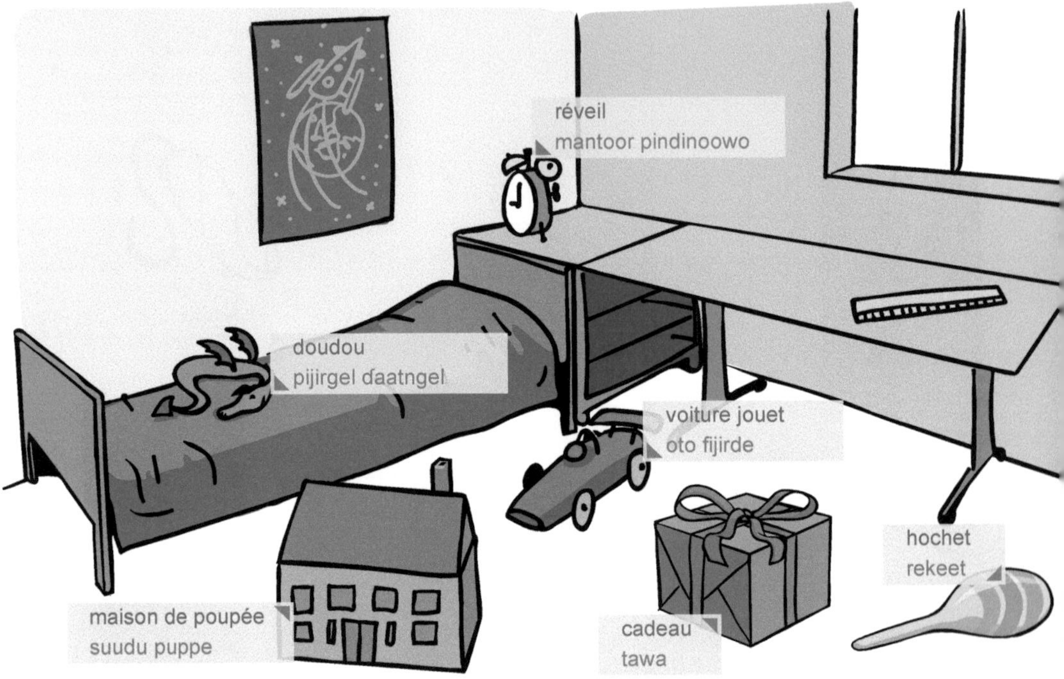

réveil
mantoor pindinoowo
doudou
pijirgel ɗaatngel
voiture jouet
oto fijirde
hochet
rekeet
maison de poupée
suudu puppe
cadeau
tawa

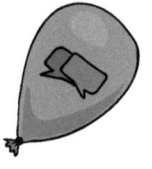

ballon

baloon

lit

lelnde

poussette

puus puus

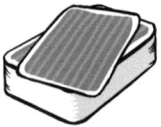

jeu de cartes

taabal karte

puzzle

juwirgal

SUPER
MEGA

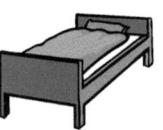

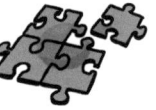

bande dessinée

jalnii

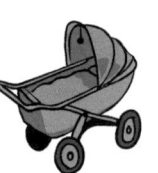

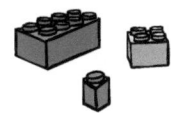

pièces lego
....
tuufeeje lego

blocs de construction
....
kaaÿe maadi

figurine
....
pijirgel suka

grenouillère
....
wutte suka

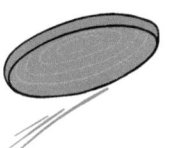

frisbee
....
mbiifu

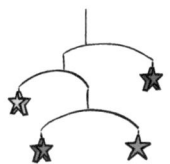

mobile
....
noddirgel

jeu de société
....
fijirde alluwal

dé
....
dee

train miniature
....
tereŋ jahiroowo batiri

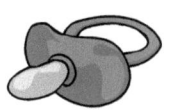

sucette
....
ɗaayɗo

fête
....
hiirde

livre d'images
....
deftere natte

balle
....
bal

poupée
....
puppe

jouer
....
fij

bac à sable

ngaska leydi

balançoire

yirlude

jouets

pijirɗe

console de jeu

fijirde widoo peley

tricycle

biifi tati

ours en peluche

uluundu pijirgel

armoire

woliis

vêtements

boornogol

chaussettes

kawaseeje

bas

baardinirɗi

collant

dogirɗi

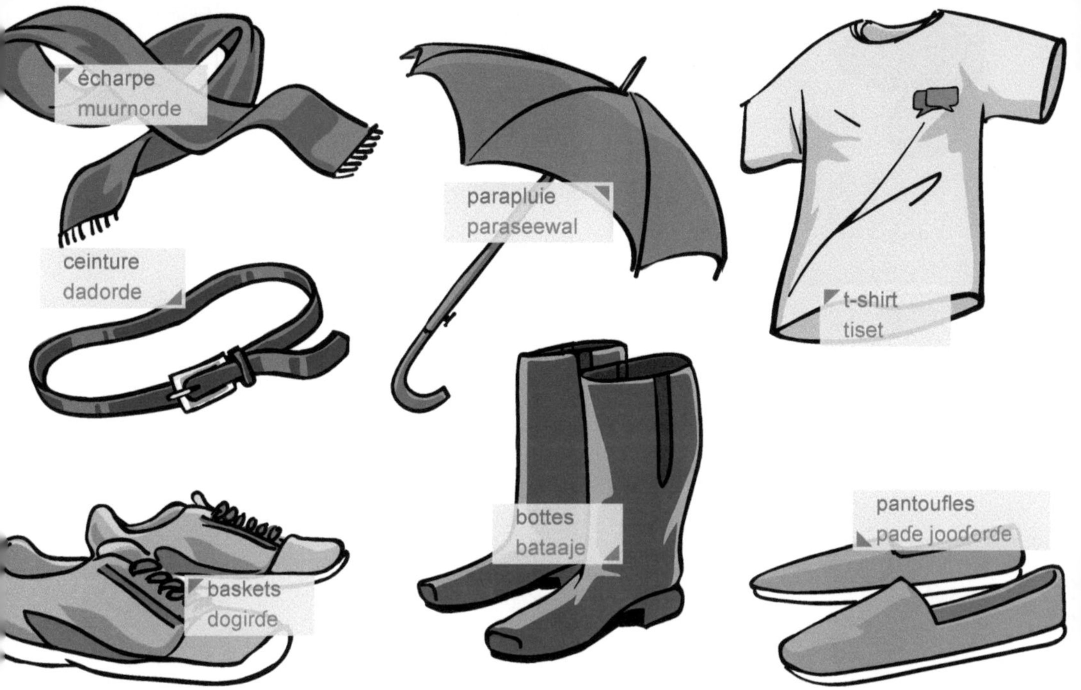

écharpe
muurnorde

ceinture
dadorde

parapluie
paraseewal

t-shirt
tiset

bottes
bataaje

pantoufles
paɗe jooɗorde

baskets
dogirde

sandales
....
caraax

chaussures
....
paɗe

bottes de caoutchouc
....
bataaje dalli

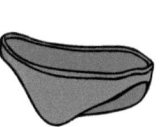
sous-vêtements
....
cakkirɗi

soutien-gorge
....
site ŋoos

maillot de corps
....
weste

body

bandu

pantalon

tuuba

jean

jiin

jupe

sippu

chemisier

buluus

chemise

wuttel

pull

piliweer

sweat à capuche

njallaaba

veste

balaseer suka

veste

jakett

manteau

sabandoor

imperméable

wutte toɓo

costume

kossim

robe

robbo

robe de mariée

wutte cuddungu

costume

cakkirɗo

chemise de nuit

robbo baalduɗo

pyjama

baaluɗi

sari

sari

foulard

fiilorde

turban

kaala

burqa

misoor

caftan

haftan

abaya

abaaye

maillot de bain

lumborɗo

maillot de bain

leɗɗe

short

kilooti

tenue d'entraînement

dewirɗi

tablier

aparooŋ

gants

kawase

bouton

nebbu

lunettes

lone

bracelet

jawo

collier

cakka

bague

feggere

boucle d'oreille

hootonde

bonnet

laafa

cintre

jaggirgal sabandoor

chapeau

kufna

cravate

karwaat

fermeture éclair

korsude

casque

tengaade

bretelles

jawe

uniforme scolaire

wutte jaɲirɗo

uniforme

dadorɗo

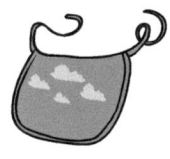

bavoir

nappu suka

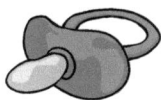

sucette

ɗaayɗo

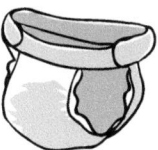

lange

fooftini

bureau

gollorde

serveur
carwoowo
armoire d'archivage
nokku bindirɗo
imprimante
jaltinoowo
papier
kaayit
écran
peewnoowo
souris
doomburu
bureau
biro
classeur
suudu
clavier
bindirgal
chaise
jooɗorde
corbeille à papier
siwo mbalis
ordinateur
ordinateer

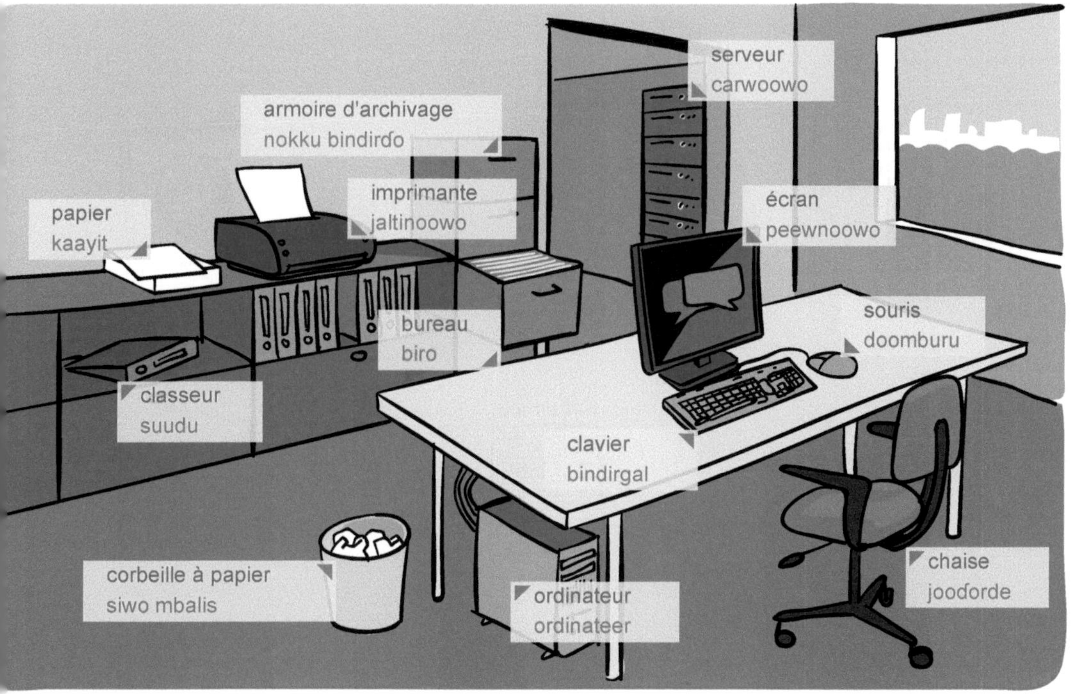

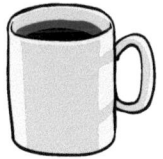

tasse de café

koppu kafe

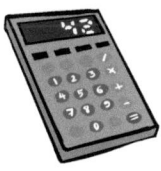

calculatrice

tongirde

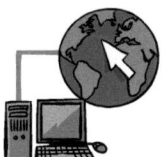

internet

enternet

ordinateur portable

ordinateer

lettre

ɓataake kaayit

message

ɓataake

portable

noddirgel

réseau

jokkondiral

photocopieuse

nandinoowo

logiciel

kuutorgel

téléphone

noddirgel

prise

piriis

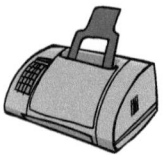

fax

masiŋ faksii

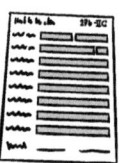

formulaire

sifaa

document

kaayit

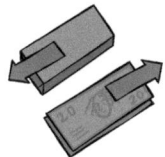

acheter
....
sood

payer
....
yob

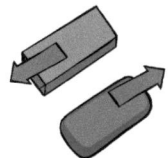

faire du commerce
....
yeey

monnaie
....
kaalis

dollar
....
dolaar

euro
....
oro

yen
....
yeen

rouble
....
ruubal

franc suisse
....
siiwis farayse

renminbi yuan
....
yuwaan renminbi

roupie
....
ruppii

distributeur automatique
....
nokku ngalu

bureau de change

nokku beccirɗo

or

kaŋe

argent

kaalis

pétrole

peteroŋ

énergie

doole

prix

coggu

contrat

jokkondiral

taxe

lempo

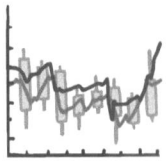

action

jeyii

travailler

liggo

employé

liggotooɗo

employeur

ligginoowo

usine

isin

magasin

yeeyirde

professions

golle

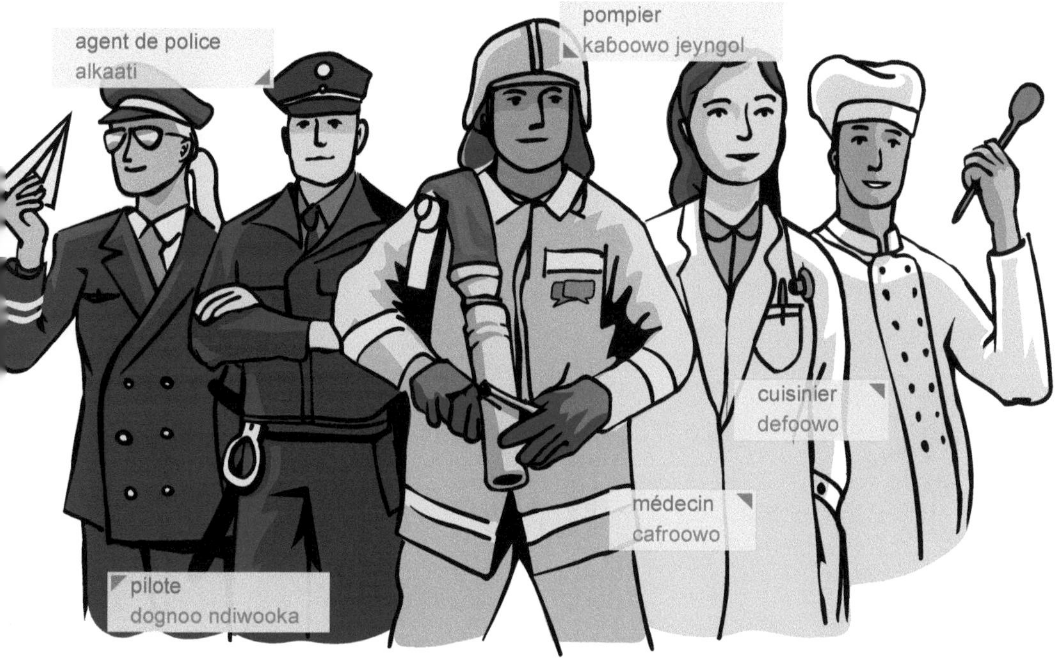
agent de police
alkaati
pompier
kaɓoowo jeyngol
cuisinier
defoowo
médecin
cafroowo
pilote
dognoo ndiwooka

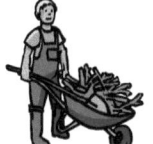

jardinier

mooftoowo

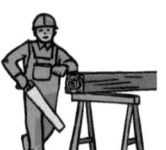

menuisier

meniise

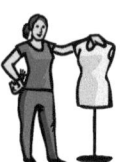

couturière

gawoowo debbo

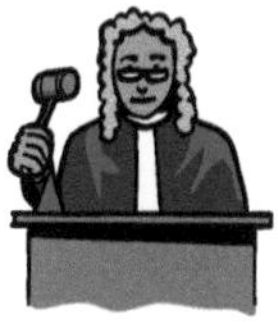

juge

ñaawoowo

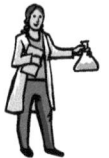

chimiste

simiyanke

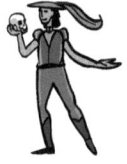

acteur

aktoor

conducteur de bus

diirnoowo biis

chauffeur de taxi

diirnoowo taksi

pêcheur

gawoowo

femme de ménage

debbo pittoowo

couvreur

biloowo

serveur

carwoowo

chasseur

baañoowo

peintre

diidoowo

boulanger

piyoo mburu

électricien

peewnoo jeyngol

ouvrier

mahoowo

ingénieur

eseñoor

boucher

buusee

plombier

polombiyee

facteur

neɗɗo posto

soldat

soldaat

architecte

arsitekte

caissier

ngaluyanke

fleuriste

ledɗeyanke

coiffeur

mooroowo

contrôleur

diirnoowo

mécanicien

peenoowo jamɗe

capitaine

gardiiɗo

dentiste

safroowo ñiiÿe

scientifique

gando

rabbin

babbiin

imam

almaami

moine

muwaan

prêtre

neɗɗo alla

outils
kuutorɗe

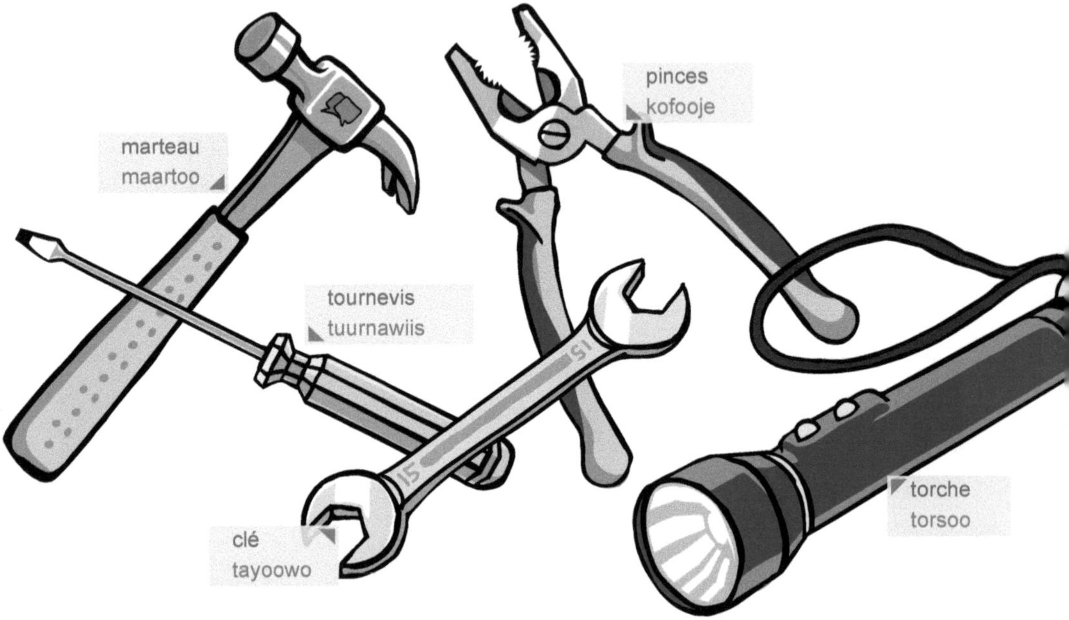

marteau
maartoo
pinces
kofooje
tournevis
tuurnawiis
clé
tayoowo
torche
torsoo

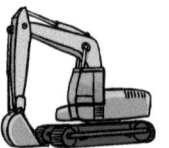

pelleteuse

ngasirdi

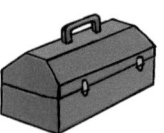

boîte à outils

suudu kuutorɗe

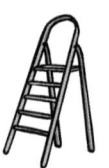

échelle

seel

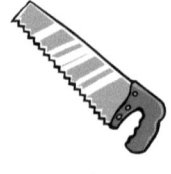

scie

siiy

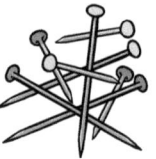

clous

pontooje

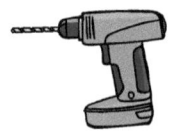

perceuse

yuwirde

réparer

feewnit

pelle

nokkirde

Mince !

sooot

pelle

peel

pot de peinture

pot diidirɗo

vis

wiisuuji

instruments de musique
pijirɗe

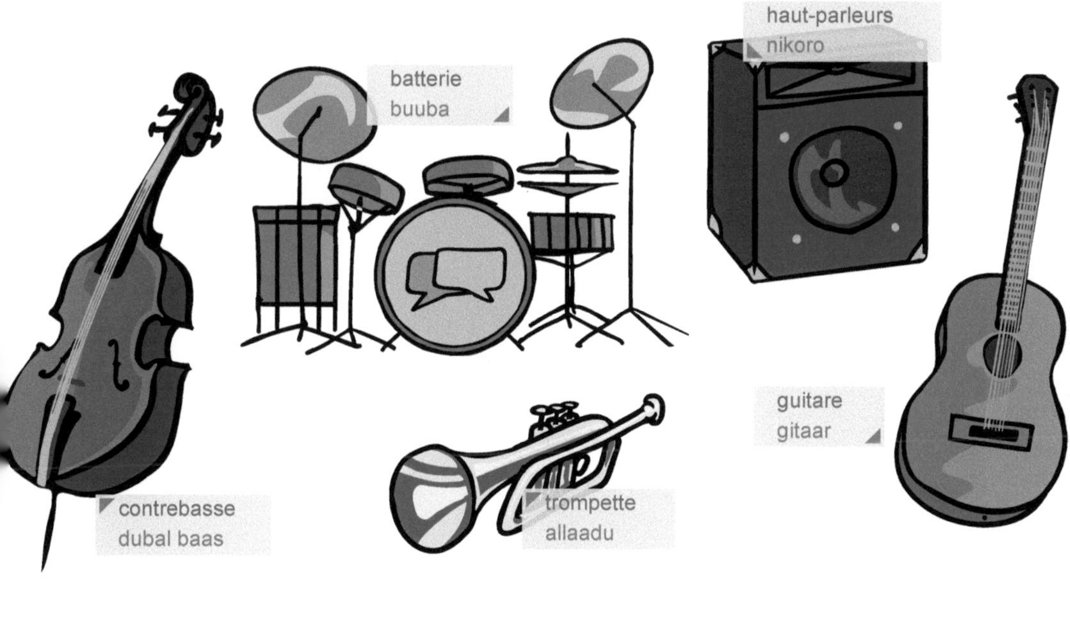

batterie
buuba

haut-parleurs
nikoro

guitare
gitaar

contrebasse
dubal baas

trompette
allaadu

piano

piyaano

violon

ñaañooru

basse

baas

timbales

timpaan

tambour

bawɗi

piano électrique

bindirgal

saxophone

saksofooŋ

flûte

coolumbel

microphone

haaldude

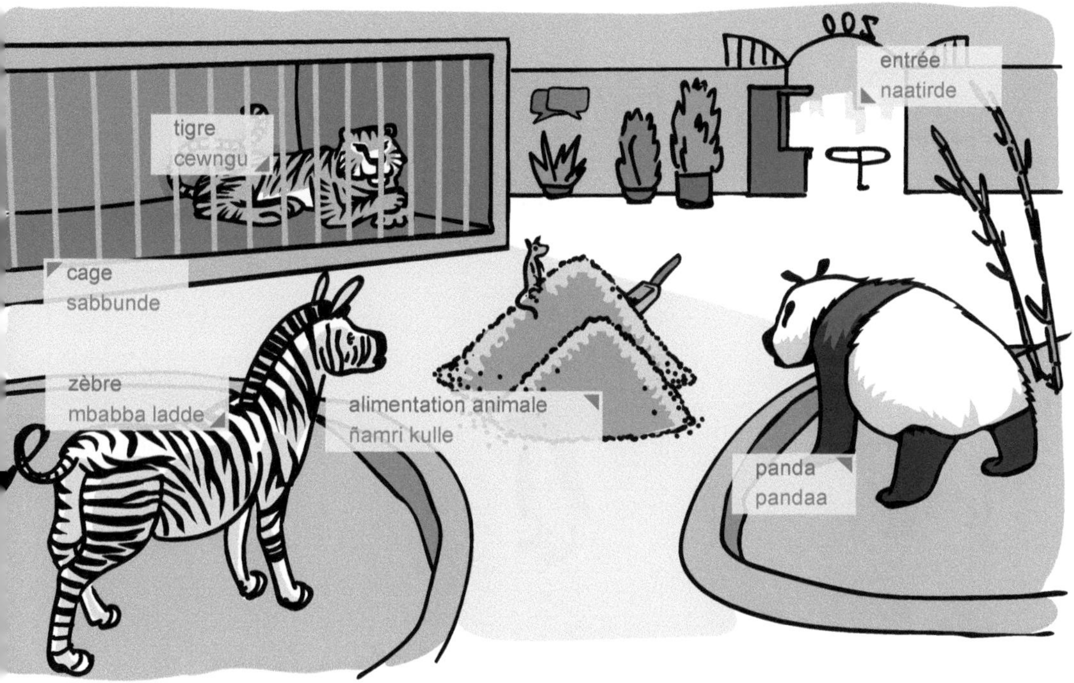

entrée
naatirde

tigre
cewngu

cage
sabbunde

zèbre
mbabba ladde

alimentation animale
ñamri kulle

panda
pandaa

animaux
kulle

éléphant
ñiiwa

kangourou
kanguruu

rhinocéros
liwoongu

gorille
waandu

ours
fowru

chameau
ngelooba

autruche
jaawagal

lion
mbaroodi

singe
golo

flamand rose
ñaarpural

perroquet
seku

ours polaire
fowru nees

pingouin
peŋwee

requin
reke

paon
ngoriyal

serpent
mboddi

crocodile
nooro

gardien de zoo
deenoowo kulle

phoque
liingu

jaguar
cewngu

poney

molel puccu

léopard

cewlu

hippopotame

ngabu

girafe

ñamala

aigle

ciilal

sanglier

fowru

poisson

liingu

tortue

heende

morse

morsee

renard

daga

gazelle

lella

american Football
fugu koyngel Amarik

cyclisme
welo

tennis
teniis

basket-ball
basket

natation
lumbaade

hockey sur glace
okey e galaas

boxe
bokse

football
fugu koyngel

badminton
badminton

athlétisme
dogduuji

handball
fugu jungo

ski
eskiiy

polo
polo

rire
jal

sauter
diw

embrasser
uurno

marcher
yah

chanter
yim

rêver
hoydu

prier
juul

faire la bise
buuco

écrire
windu

dessiner
diid

montrer
hollu

pousser
duñ

donner
rokku

prendre
naw

avoir

jogo

faire

waɗ

être

won

être debout

daro

courir

dog

trier

ittu

jeter

weddo

tomber

yan

être couché

fen

attendre

fad

porter

naw

être assis

jooɗo

s'habiller

ɓoorno

dormir

ɗaano

se réveiller

finn

regarder

ndaar

pleurer

woy

caresser

fiiy

peigner

koomu

parler

haal

comprendre

faam

demander

naamdo

écouter

hetto

boire

yar

manger

ñaam

ranger

haɓɓu

aimer

yiɗ

cuire

def

conduire

diirnu

voler

diw

faire de la voile

awyu

calculer

lim

lire

jangu

apprendre

jangu

travailler

liggo

se marier

res

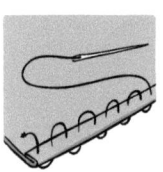

coudre

aaw

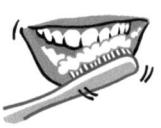

brosser les dents

boris ñiiÿe

tuer

war

fumer

simmo

envoyer

neldu

famille
ɓesngu

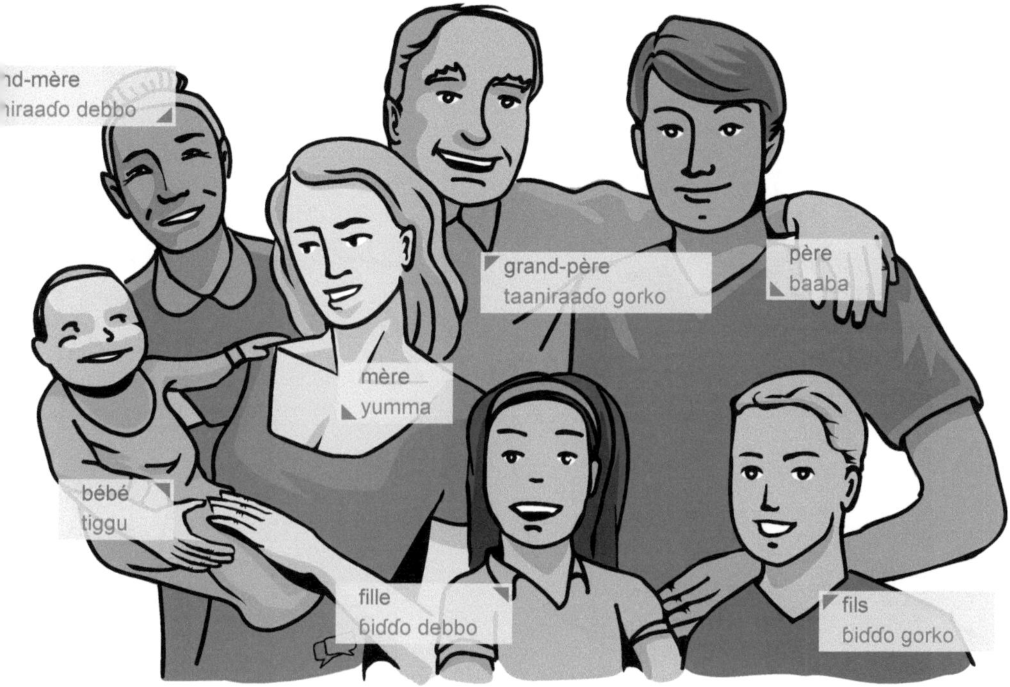
d-mère
iraaɗo debbo
grand-père
taaniraaɗo gorko
père
baaba
mère
yumma
bébé
tiggu
fille
ɓiɗɗo debbo
fils
ɓiɗɗo gorko

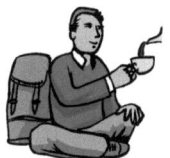

hôte

koɗo

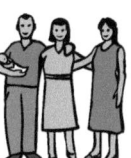

tante

gogo

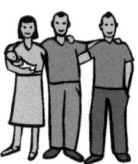

oncle

kaawiraaɗo

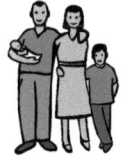

frère

mawniraaɗo gorko

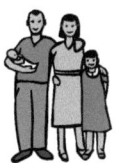

sœur

mawniraaɗo debbo

corps
ɓandu

front
tiinde
œil
yitere
épaule
walabo
doigt
feɗeendu
visage
yeeso
menton
waare
main
jungo
jambe
korlal
poitrine
endu
bras
jungo

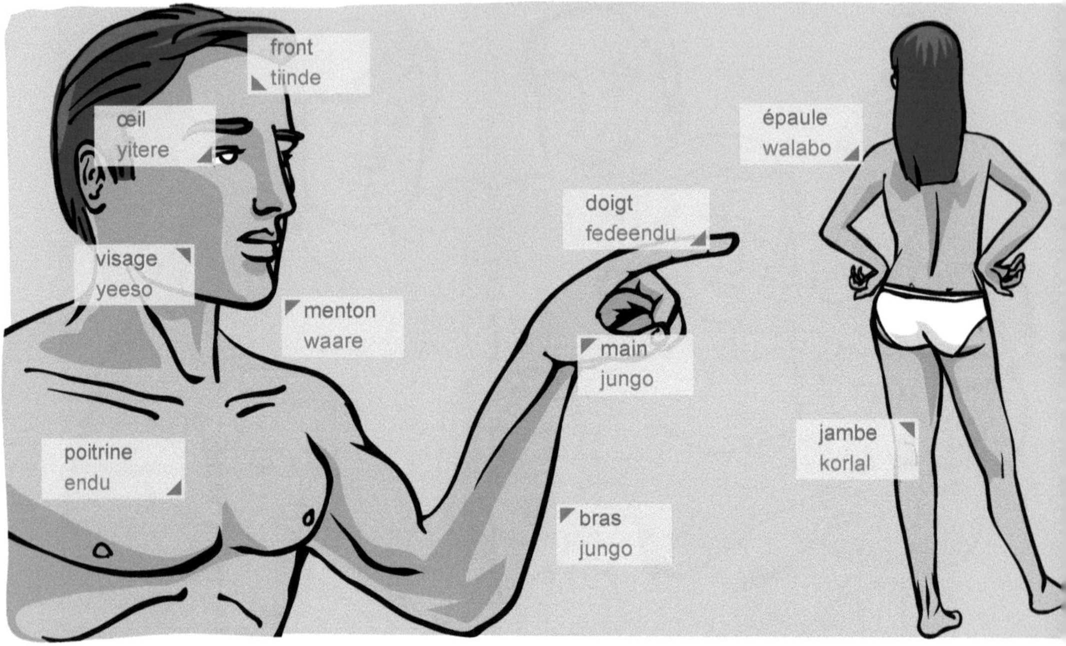

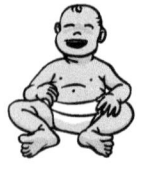

bébé

tiggu

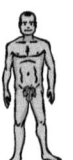

homme

gorko

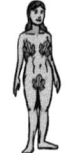

femme

debbo

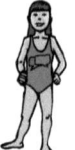

fille

debbo

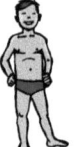

garçon

gorko

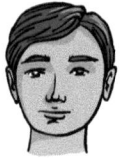

tête

hoore

dos

keeci

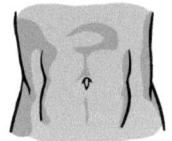

ventre

reedu

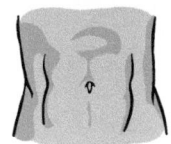

nombril

wudduru

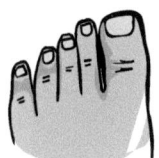

orteil

feɗeendu

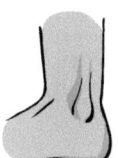

talon

njaaɓordi

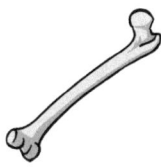

os

ŷiyal

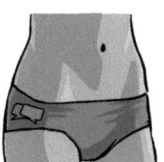

hanche

buhal

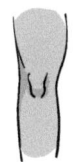

genou

hofru

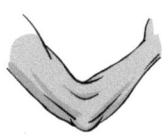

coude

fooŋturu

nez

hinere

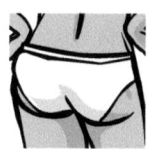

fesses

gaɗa

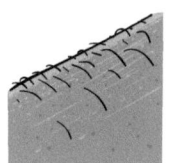

peau

nguru

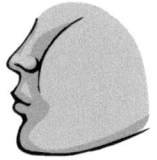

joue

abbuko

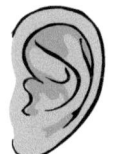

oreille

nofru

lèvre

tondu

bouche

hunuko

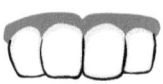

dent

ñiire

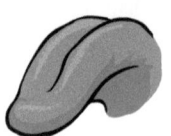

langue

ɗemngal

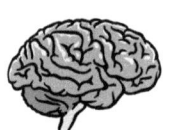

cerveau

ngaandi

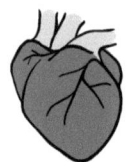

cœur

bernde

muscle

ÿiye

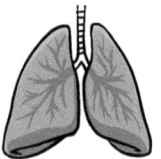

poumons

jofe

foie

heeñere

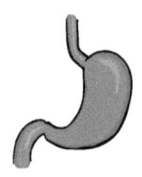

estomac

kuuse

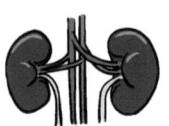

reins

booÿe

rapport sexuel

leldaade

préservatif

kawasal

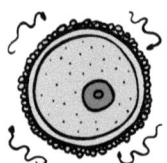

ovule

ɓoccoonde

sperme

maniiyu

grossesse

cowagol

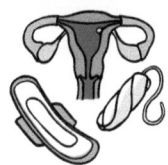

menstruation

ella

vagin

kottu

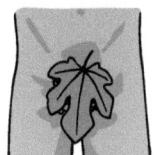

pénis

soolde

sourcil

leebol yitere

cheveux

sukundu

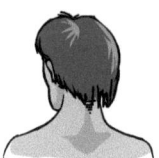

cou

daande

hôpital
safrirdu

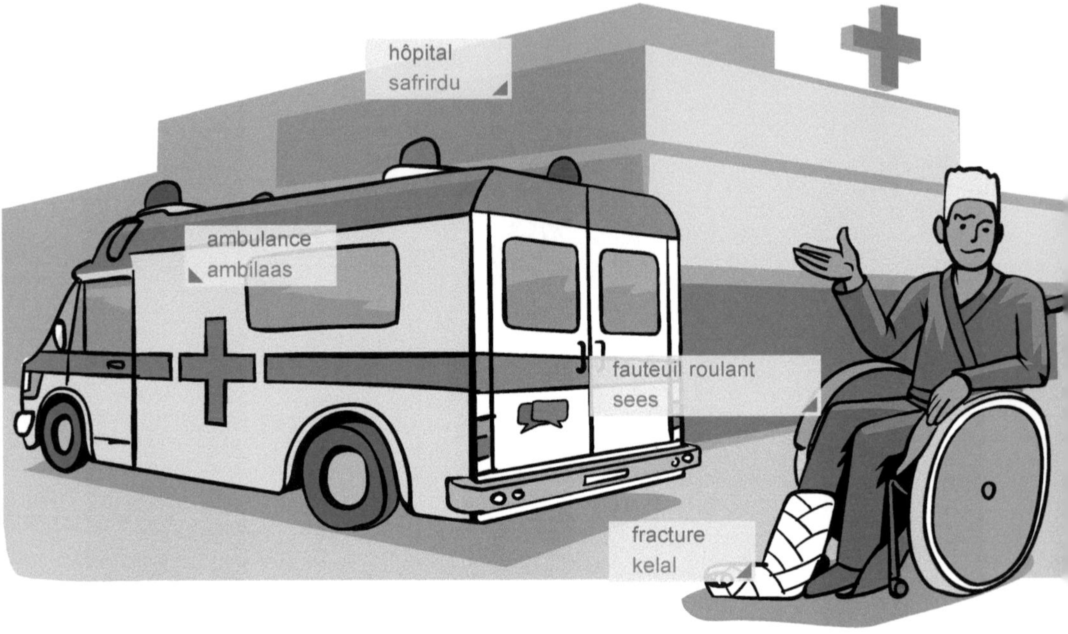

hôpital
safrirdu
ambulance
ambilaas
fauteuil roulant
sees
fracture
kelal

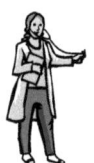

médecin

cafroowo

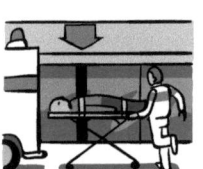

service des urgences

suudu heñaare

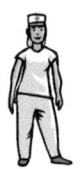

infirmière

debbo cafroowo

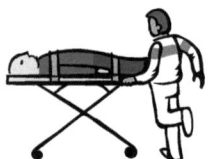

urgence

heñorde

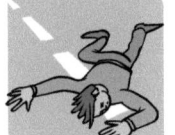

inconscient

wondaane hakkile

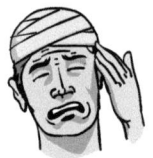

douleur

muuseeki

blessure

gaañande

hémorragie

tuɗɗe ÿiiÿam

crise cardiaque

muuseeki ɓernde

attaque cérébrale

piigol

allergie

nefo

toux

ɗojjude

fièvre

ɓandu wulooru

grippe

pali

diarrhée

ndogu reedu

mal de tête

hoore muusoore

cancer

kaaseer

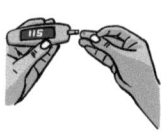

diabète

jabett

chirurgien

oppiroowo

scalpel

jaggirdi

opération

oppeere

CT

CT

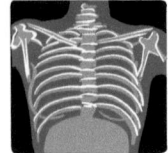

radiographie

buudî x

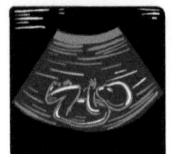

échographie

iltarasooŋ

masque

huurirdu yeeso

maladie

rafi

salle d'attente

heblorde

béquille

beeke

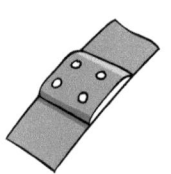

pansement

tabak

pansement

bandaas

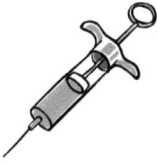

injection

pinggu

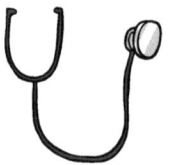

stéthoscope

estetoskop

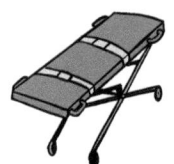

brancard

pooɗoowo

thermomètre

termomeeter safrirdu

accouchement

jibinande

surcharge pondérale

buttidgol

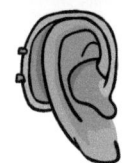

appareil auditif

ballal nanirɗe

désinfectant

labɓinoowo

infection

raaɓo

virus

wiriis

VIH / sida

SIDAA

médicament

lekki

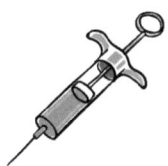

vaccination

ñakko

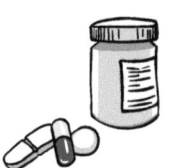

comprimés

poɗɗe

pilule

foɗɗere

appel d'urgence

noddaango heñiingo

tensiomètre

ÿeewtorde yaadu ÿiiyam

malade / sain

faawŋi / selli

alarme

pindinoowo

assaut

njangu

Au secours !

Ballal

attaque

raaŋande

danger

boomre

sortie de secours

yaltirde yaawnde

Au feu!

Jeyngol

extincteur

ñifoowo jeyngol

accident

aksida

trousse de premier secours

saawdu safaara gadano

SOS

SOS

police

poliis

terre
Leydi

Europe

Orop

Amérique du Nord

Amarik Rewo

Amérique du Sud

Amarik Worgo

Afrique

Afirik

Asie

Aasi

Australie

Ostaraali

Océan atlantique

Atalantik

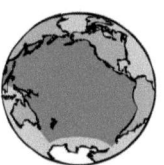

Océan pacifique

Pasifik

Océan indien

Maayo Endo

Océan antarctique

Maayo Antarkatik

Océan arctique

Maayo Arkatik

pôle nord

Baŋe Rewo

pôle sud

Baŋe Worgo

Antarctique

Antarkatik

terre

Leydi

pays

leydi

mer

maayo

île

siire

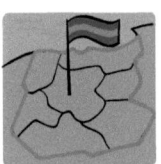

nation

wuro

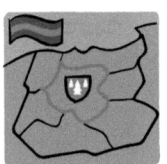

état

laamu

cadran

yeeso waktu

aiguille des heures

jungo waktu

aiguille des minutes

jungo hojoma

aiguille des secondes

jungo majaango

Quelle heure est-il ?

hol waktu?

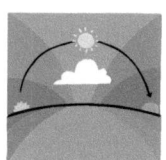

jour

ñalawma

temps

saha

maintenant

jooni

montre digitale

mantoor nattoowo

minute

hojoma

heure

waktu

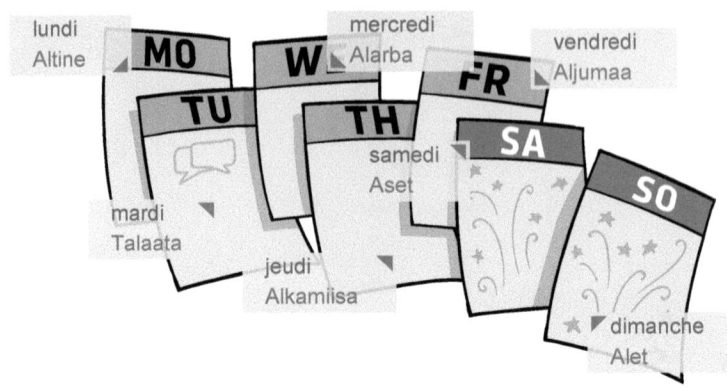

lundi
Altine

mercredi
Alarba

vendredi
Aljumaa

mardi
Talaata

samedi
Aset

jeudi
Alkamiisa

dimanche
Alet

hier

hanki

aujourd'hui

hande

demain

jango

matin

subaka

midi

ñalawma

soir

kikiiɗe

jours ouvrables

biir

week-end

ñalɗi

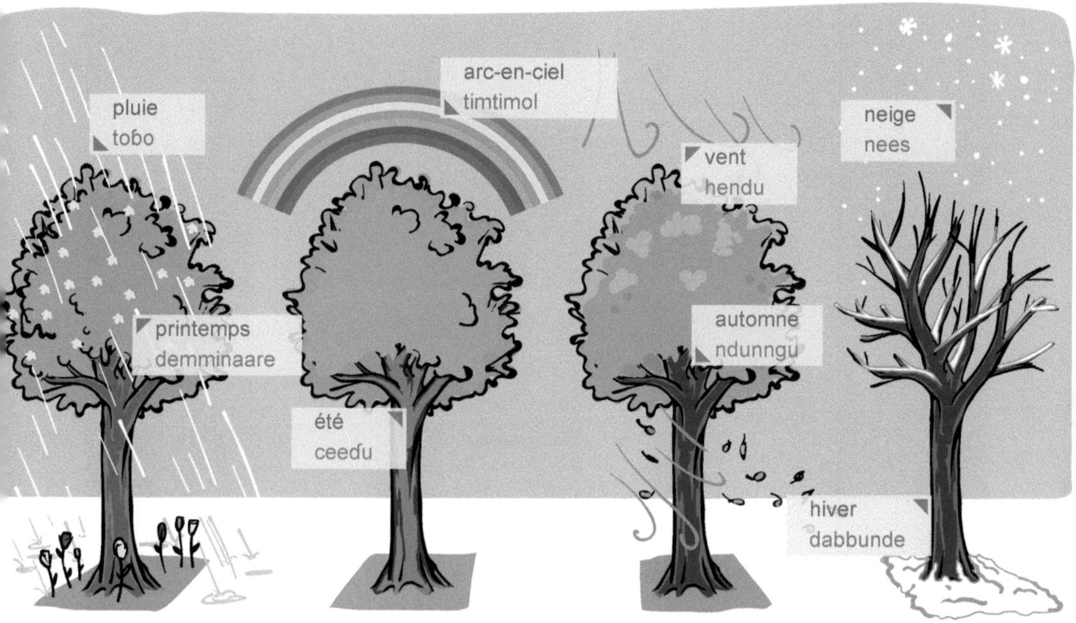

pluie
toɓo
arc-en-ciel
timtimol
neige
nees
vent
hendu
printemps
demminaare
automne
ndunngu
été
ceeɗu
hiver
dabbunde

4.APRIL 11°
5.APRIL 4°
6.APRIL 13°
7.APRIL 8°
8.APRIL 10°

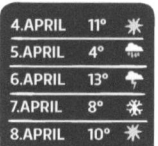

météo

kabaaru weeyo

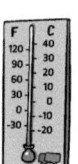

thermomètre

termomeeter

lumière du soleil

naaŋini

nuage

ruulde

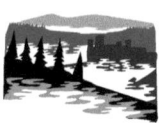

brouillard

cuurki

humidité

uddeende

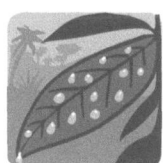

foudre

majje

tonnerre

gidaango

tempête

hendu

grêle

huɗɗni

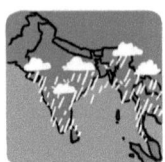

mousson

ruulɗini

inondation

waame

glace

nees

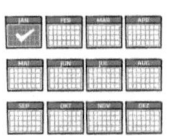

janvier

Siilo

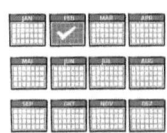

février

Colte

mars

Mbooy

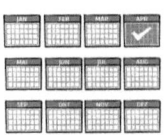

avril

Seeɗto

mai

Duuyal

juin

Korse

juillet

Morse

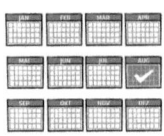

août

Juko

année - hitaande

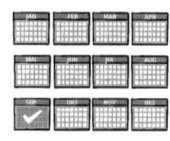

septembre
....
Siilto

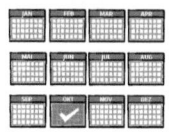

octobre
....
Yarkoma

novembre
....
Jolal

décembre
....
Bowte

formes
balli

cercle
....
taarto

carré
....
yaajeendi

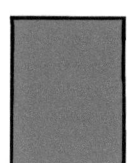

rectangle
....
yaajo

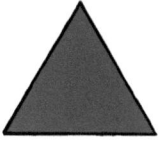

triangle
....
saraandi

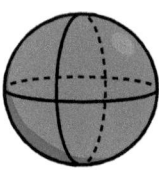

sphère
....
mbiifu

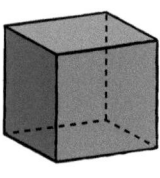

cube
....
kiibb

blanc

daneejo

jaune

oolo

orange

oraas

rose

roos

rouge

boɗeejo

violet

mboongu

bleu

bulaajo

vert

werte

marron

cooyo

gris

puro

noir

ɓaleejo

beaucoup / peu

heewi / seeɗa

fâché / calme

seki / deeyi

joli / laid

yooɗi / soofi

début / fin

fuuɗorde / gasirde

grand / petit

mawɗo / tokooso

clair / obscure

leeri / niɓɓiɗi

frère / soeur

maniraaɗo / miñiraaɗo

propre / sale

laaɓi / tunwi

complet / incomplet

timmi / manki

jour / nuit

ñalawma / jamma

mort / vivant

maayi / wuuri

large / étroit

yaaji / faaɗi

comestible / incomestible

nano / nanotaako

méchant / gentil

boni / moÿÿi

excité / ennuyé

softi / yoomi

gros / mince

ɓuttiɗi / sewi

premier / dernier

adi / wattindi

ami / ennemi

sehil / gaño

plein / vide

heewi / ɓolɗi

dur / souple

muusi / weeɓi

lourd / léger

teddi / hoyi

faim / soif

heege / ɗomka

malade / sain

faawŋi / selli

illégal / légal

wona laawol / laawol

intelligent / stupide

feerti / muddiɗi

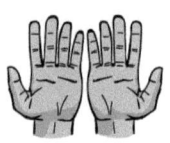

gauche / droite

nano / ñaamo

proche / loin

ɓatti / woɗɗi

nouveau / usé

keso / kiiɗɗo

rien / quelque chose

ndiga / huunde

vieux / jeune

nayeejo / suka

marche / arrêt

huɓɓi / ñifii

ouvert / fermé

uditi / uddii

faible / fort

deeÿi / dille

riche / pauvre

alɗi / waasi

correct / incorrect

goonga / fenaande

rugueux / lisse

tiiɗi / nooyi

triste / heureux

metti / weli

court / long

raɓɓiɗi / juuti

lent / rapide

leeli / yaawi

mouillé / sec

leppi / yoori

chaud / froid

wuli / ɓuuɓi

guerre / paix

hare / jam

0

zéro

ndiga

1

un / une

gooto

2

deux

ɗiɗi

3

trois

tati

4

quatre

nay

5

cinq

joy

6

six

jeegom

7

sept

jeeɗiɗi

8

huit

jeetati

9

neuf

jeenay

10

dix

sappo

11

onze

sappoy goo

12

douze

sappoy ɗiɗi

13

treize

sappoy tati

14

quatorze

sappoy nay

15

quinze

sappoy joy

16

seize

sappoy jeegom

17

dix-sept

sappoy jeeɗiɗi

18

dix-huit

sappoy jeetati

19

dix-neuf

sappoy jeenay

20

vingt

noogaas

100

cent

teemedere

1.000

mille

ujunere

1.000.000

million

miliyooŋ

anglais

Aŋale

anglais américain

Aŋale Amarik

chinois mandarin

Mandare Siinaaɓe

hindi

Hindi

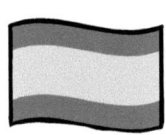

espagnol

Españool

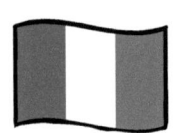

français

Farayse

arabe

Arab

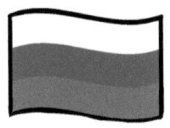

russe

Riis

portugais

Portigees

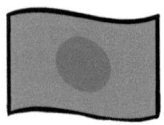

bengali

Bengali

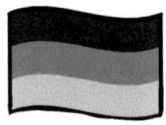

allemand

Almaa

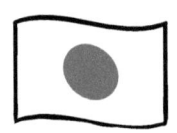

japonais

Sapponee

je

miin

tu

an

il / elle / ce, c', cela

kanko / kanko / kanum

nous

minen

vous

onon

ils / elles

kamɓe

Qui ?

holoon?

Quoi ?

holɗuum?

Comment ?

holnoon?

Où ?

holtoon?

Quand ?

mande?

nom

inde

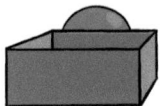

derrière

caggal

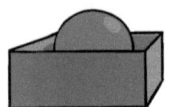

dans

nder

devant

sawndo

au-dessus

dow

sur

e

en-dessous

les

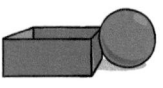

à côté de

sara

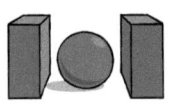

entre

hakkunde

lieu

nokku